© 2013, Farges
Edition : BoD – Books on Demand
12/14 rond-point des Champs Elysées, 75008 Paris
Imprimé par BoD - Books on Demand GmbH, Norderstedt, Allemagne
ISBN : 9782322030217
Dépôt légal : mai 2013

PROPOSITION POST-PALEOLITHIQUE
La Voie des Hommes : une expérience

Du même auteur

Non Monsieur Fukuyama, l'histoire n'est pas finie !, BOD, 2010
Une fois par jour, BOD, 2012
Dialogues sur le bonheur, BOD 2012
Proverbes à vivre, BOD, 2013

JEAN-PASCAL FARGES

PROPOSITION POST-PALEOLITHIQUE

La Voie des Hommes : une expérience

A
Bruno, Caroline, Catherine, Christian, Christine, Dorothée, Jean-Marc, Jean-Marie, Jean-Pierre, Jean-Yves, Jérémy, Jérôme, Julien, Nathalie, Patrice, Pierre, Richard, Stéphane B, Stéphane M

Avertissement

Ce livret n'est en aucune façon une œuvre collective, il n'est donc pas la parole de celles et ceux qui contribuent à l'aventure de la Voie des Hommes. Je l'ai voulu comme un témoignage et une réflexion sur ce qu'est cette expérience et ce qu'elle propose.

Si j'emploie le "nous" dans les propos c'est par commodité ; le "nous" est sujet de mes observations et mes réflexions sur la collectivité puisqu'il s'agit d'une expérience collective.

C'est donc un témoignage parfaitement subjectif et personnel et les propos n'engagent que l'auteur.

Toute une histoire

Il y a la grande Histoire, celle qui s'apprend dans les manuels scolaires, celle des batailles et des révolutions, celle des ères et des âges. Elle est visible car éclairée, comme une scène, pour y voir le théâtre des civilisations qui se succèdent, les effondrements et les naissances des peuples. La grande Histoire est celle des grands Hommes, penseurs, artistes ou conquérants ; ces aveuglantes destinées dissimulent les destins cachés.

Cette grande Histoire où la sagesse côtoie l'horreur, où le sublime tutoie l'abime, où l'intelligence ploie parfois sous la bêtise, nous cache des destins plus intimes, des tentatives obscures de plus d'humanité, des empreintes balayées par les flots humains, sans témoins, sans histoire.

Cet éblouissement de la mémoire condamne à l'oubli les destins singuliers qui cheminent sur des voies inhabituelles. Aventuriers civilisateurs anonymes, ils resteront dans les coulisses ; secrète intelligence de la marge. On ne peut qu'admirer celle ou celui qui a pensé le premier que l'irrigation des cultures permettait de s'affranchir des aléas climatiques. On aimerait se souvenir de celles et ceux qui, à toutes les époques, ont lutté contre les barbaries nous préservant souvent du pire ; qui se souvient de Sophie et Hans Scholl ? On aurait aimé connaître ceux qui, à l'ombre des Lumières, ont voulu un monde plus fraternel, plus égalitaire, plus libre ; qui se souvient de Johann Friedrich Struensee ? Les projecteurs de l'histoire suivent la trajectoire des historiens, laissant dans l'obscurité quelques petites voix inaudibles ; le vacarme de l'Histoire est trop fort !

Faisons-nous tous l'histoire pour autant ? Un peu de nous, c'est un peu d'histoire, un peu de ce qui reste après nous comme une faible trace, mais une trace tout de même.

C'est ce "peu de nous" que je veux livrer ici avec cette prétention à réconcilier utilité et futilité. Il s'agit finalement d'une histoire, celle que nous avons envie d'écrire dans ce siècle, une histoire d'existence, de résistance et d'expérience.

Une existence parce qu'il s'agit de témoigner d'une manière d'exister, d'être au monde tel qu'il est et d'y trouver du bonheur et du possible.

Une résistance aux schémas qui s'imposent, aux habitudes archaïques et prégnantes, aux idées cuites qu'elles viennent de soi ou des autres.

L'expérience d'une aventure communautaire au sein d'un monde où apparaît la fêlure de ce qui nous fonde : « vivre ensemble ».

Je ne peux dire de cette histoire que ce qu'elle est aujourd'hui laissant aux années le soin de la poursuivre. Je n'y vois aucun fait brillant, crainte peut-être de rejoindre la grande Histoire et son bruit, juste un peu de ces mouvements de la marge, annonciateurs ou pas de petits soirs jubilatoires ; juste un peu de soi.

Une fois toutes les précautions de modestie prises et assumées, je laisse aller mon immodestie à penser que ce qui se construit est en fait une proposition alternative aux formes organisationnelles traditionnelles.

Sans nul doute, s'agit-il d'une utopie, *οὐ-τοπος* « lieu du bonheur » ou « lieu qui n'existe pas » dans lequel il serait possible de réconcilier travail et plaisir pour échapper à la condamnation divine originelle et enfanter de ce couple quelque chose qui ne soit plus le travail ; un paradis en quelque sorte où trône l'arbre de la connaissance, élévation pour joindre la terre au ciel, un appel d'air pour un appel de sens, un mythe qui nous convoque au désir d'être ensemble ; lever les yeux au ciel pour y voir des choses différentes et toucher la terre de ce regard là.

Dit comme cela, nous sommes loin de la description d'une entreprise caractérisée habituellement par son sigle et son organigramme et ce sont bien ces « camps de travail » qui sont devenus insupportables, c'est bien l'aliénation du travail qui a créé l'obligation d'imaginer une alternative émancipatrice.

Je propose, avant tout, de dresser un réquisitoire à l'encontre du travail comme valeur suprême de réalisation, à l'encontre des structures qui l'organisent, à l'encontre des castes qui les gouvernent, à l'encontre de la monomanie qui les ruine du type ROC (*Reporting* Obsessionnel Compulsif).

Les flagrants délits exposés et critiqués, la table étant rase, je planterai solidement quelques vertus (contrairement aux valeurs qui restent incantatoires) pour soutenir un édifice propre à entreprendre, un lieu de production de soi-même, une collectivité "d'alter égos", heureuse d'être, joyeuse de faire.

Comment j'ai confié ma vie à d'autres

"J'ai plus de 40 ans, je suis une femme dite active, j'ai deux beaux enfants. Je suis manager dans une entreprise ; je navigue entre réunions, "powerpointwordexcel", mails et autres rendez-vous. Bien sûr, je subis le sexisme ordinaire ; bien sûr, je subis les contradictions de toute organisation pyramidale ; bien sûr, la bureaucratie dégrade mon travail et mon ardeur s'en trouve affectée. Pour adoucir les difficultés, syndicats, CHSCT, médecin du travail, psychologues et autres coachs prennent soin de moi. Tout est parfaitement réglé.

Fouillant dans ma mémoire, je n'ai pas le souvenir d'avoir eu l'occasion de choisir ma vie contrairement aux apparences. J'ai suivi des études conformes à mon milieu social, je me suis mariée et ai eu des enfants sans jamais questionner la tradition. J'ai travaillé dans l'entreprise parce que cela paraissait aller de soi. J'ai accédé à des postes de management parce que des tests de personnalité m'y ont encouragé… milieu social, tradition, tests, conformité : un ensemble de routines qui a décidé pour moi avec mon consentement.

Je peux le dire aujourd'hui, je ne suis pas heureuse ; je ne supporte plus les décisions prises par mes supérieurs qui m'apparaissent au mieux sans effet, au pire, nuisibles. Je supporte de moins en moins les évaluations rituelles où j'ai le sentiment de me retrouver devant un tribunal de l'inquisition. Je ne supporte plus les allusions verbales vulgaires qu'il faut accepter au nom de la pacification des relations dans l'entreprise. En réalité, je souffre dans ces organisations guerrières où les hiérarchies éteignent les intelligences dont la mienne, je souffre de ce manque de liberté intellectuelle, je souffre de garder mes talents pour moi ne trouvant aucune place pour les déployer.

Je ne suis pas heureuse ; je n'ai en effet jamais conduit ma vie, je n'ai pas usé de la liberté dont je disposais, j'ai laissé les organisations, les pensées dominantes, les habitudes, les conformités orienter mes choix."

Nous avons remis nos destins à des organisations archaïques, d'échec en échec, de crise en crise, nous nous sommes dépossédés du pouvoir de forger le destin de nos vies. Ballotés par les hiérarchies, arrogantes dans l'erreur et sa répétition, privés de notre intelligence par les injonctions managériales qui, de contradictions en contradictions, nous feraient douter que nous en serions doués ; que s'est-il passé pour que nous subissions la souffrance sans mot dire ? Aurions-nous à ce point oublié nos désirs, nos envies, ce qui fait de nous des êtres humains ?

A ces tristesses matinales qui nous conduisent au travail s'ajoutent les structures étatiques inhumaines à qui nous avons confié nos enfants, notre santé et puis, pour en finir une bonne fois pour toute (comme l'ultime soupir d'un mourant), nous avons confié notre pensée aux lucarnes dont la culture est aussi plate que les écrans qui la projette.

Nous nous plaignons de ce qui nous arrive, nous nous plaignons de l'arbitraire des pouvoirs, nous nous plaignons de ces multiples organisations à qui nous avons confié notre vie. La colère nous prend parfois, bien vite remplacée par l'abattement traversé par de petites joies à la perspective de vacances projetées ou par une consommation vengeresse.

Pourquoi avons-nous délégué la conduite de notre destin à d'autres ?
Puisque nous avons un peu de temps, retournons loin en arrière, au temps du paléolithique et tentons de comprendre ce dont nous avons hérité que nous appelons modernité. Archéologues, ethnologues, paléoanthropologues nous disent que les hiérarchies sont nées avec l'accumulation de la nourriture. Chez les peuples de chasseurs-cueilleurs, peu ou point de traces de hiérarchies, la nourriture était une quête quotidienne et l'égalité dans le partage était la condition pour survivre. Aucun individu ne détournait à son seul profit la nourriture collectée sachant qu'il nuisait à la communauté ; celle-ci devait probablement le rappeler en cas de nécessité. Quand la nourriture fut abondante, ils se trouvèrent des individus pour s'accaparer une partie des surplus et en faire commerce. Naissent alors tous les instruments du pouvoir : la dette, la

propriété, la dot, les interdits, le surnaturel. Dans le même temps apparaît la notion de croissance. Un peuple
"raisonnable" ne cherche pas amasser plus que ce dont il a besoin ; mais les chefferies, pour accroître leurs possessions et leurs pouvoirs, encouragent la production de surplus. Ce schéma archaïque perdure et pose deux questions au moins : pourquoi demeurer dans le paléolithique appelé modernité ? Sommes-nous des complices sans conscience ?

Nous avons remis notre autonomie aux puissances surnaturelles, les questions montent des hommes et les réponses descendent des astres par la bouche des prélats, chamanes ou sorciers. Les questions des peuples montent vers le haut et les réponses descendent du roi, des experts ou des commissions. Nous nous sommes habitués au fil des millénaires à confier notre puissance à des pouvoirs qui tentent de se légitimer, par la croyance, par le vote ou par le diplôme. Si nous sommes asservis c'est que notre servitude est volontaire ; nous y trouvons probablement un avantage.

Peut-être apprécions-nous l'apparent confort de ne pas fréquenter des chemins jamais parcourus. Peut-être préférons-nous les voies connues aux voies faciles. Peut-être trouvons-nous une sécurité à ne pas avoir à décider pour nous-mêmes. Peut-être que la liberté est une chose effrayante et que, pour ne plus subir l'effroi, nous préférons l'aliénation.

Voilà donc des millénaires que notre vie n'est pas conforme à nos aspirations, des millénaires de déchirement entre nos libres désirs et nos peurs d'être. Nos vies appartiennent aux mains des dieux et des régnants.

S'extraire des archaïsmes

S'extraire des archaïsmes, c'est en premier lieu ne plus alimenter les pouvoirs qui oppressent, c'est nous soustraire aux aliénations pour que, privées de nous, elles implosent. Nous allons dès lors nous retrouver face à nous-mêmes avec la charge de répondre à nos questions : perspective qui peut être terrifiante !

Nous n'avons pas appris à vivre. Notre éducation n'a pas fait de nous des êtres autonomes et c'est pourtant le défi qui nous est proposé.
Pourquoi maintenant ? C'est une des premières fois dans l'histoire qu'aucune alternative n'est proposée à la seule idéologie qui ait subsisté après l'effondrement du mur de Berlin. Nous sommes tous promis à être des électeurs, des consommateurs et des producteurs et nous n'y trouvons aucune satisfaction. Nous sommes

donc invités, chacun d'entre nous, à imaginer, créer, inventer un destin qui soit conforme à nos aspirations individuelles, collectives et "citoyennes". Nous ne pouvons nous contenter du désordre mondial comme ordre du jour, nous ne pouvons admettre que des organisations aliénantes nous privent de notre liberté et de nos responsabilités, nous ne pouvons supporter davantage de soumettre nos destins à d'autres qu'à nous-mêmes. Alors oui, il conviendra de renouer avec des idées qui cherchent des lieux (utopies), il faudra renoncer à déléguer nos puissances à des organisations archaïques ; il nous incombe aujourd'hui d'oser tenter des expériences et La Voie des Hommes en est une.

L'expérience : La Voie des Hommes

Pourquoi "la voie" ? Sans doute parce que tous les chemins mènent aux Hommes.
Pourquoi les Hommes ? Parce que tout vient des Hommes et tout y revient quand ils sont libres.

Ce début de siècle nous invite à nous retourner vers les Lumières pour y puiser les mots qui rendent libres : connaissance et raison pour agir sur le monde, abandon du sacré et des dogmes, autonomie des Hommes quant à la manière dont ils veulent vivre ensemble. La finalité n'est pas le salut mais le bonheur.

La Voie des Hommes est un assemblage des différences autour d'une idée simple : construire par l'expérience une alternative à ce fonctionnement du monde qui n'est pas satisfaisante.

Ce qui conduit l'expérience tient en peu de mots : le souci d'autrui. Certes il faut en avoir le goût mais c'est une réelle rupture avec l'environnement compétitif du "tous contre tous" une volonté de ne plus se soumettre à cette compulsion guerrière et mortifère.

L'idée fut enrichie par le constat que les organisations hiérarchisées étouffaient le génie ; le projet repose donc sur son expression. Il a suffi d'assembler à cet effet des talents très différents (du cinéaste au physicien, du comptable au philosophe…). L'idée est de proposer à ces divers talents la création des conditions favorables à leur déploiement et à leur expression, sans contraintes, au travers d'un projet personnel.

Pour qu'une telle utopie s'incarne il fallut reconquérir sa liberté; liberté au sens de : "le choix de ses contraintes" ; la responsabilité consistant à assumer ce choix sans le faire porter à d'autres.

Comment prendre soin de toutes ces énergies rassemblées afin qu'elles ne s'épuisent pas ? Prendre soin l'un de l'autre, se cultiver les uns auprès des autres, mélangeant heureusement les questions et les réponses, les savoirs et les expériences sans que ni les uns ni les autres ne soient redevables. C'est donc librement que s'installent des arrangements innovants.

Le fonctionnement est parfaitement libertaire, il n'y a pas d'autorité mais des rapports de confiance qui se nouent dans une relation sans contrat. Le rapport de force est exclu c'est pourquoi toutes les décisions sont prises à l'unanimité. Les palabres sont un bel exercice relationnel, les décisions prises à leur issue sont justes et leur exécution particulièrement aisée puisque portée par tous. Ainsi la violence démocratique, qui est faite à une minorité par une majorité, est évitée.

La façon d'être ensemble de tous les individus s'inspire de la sympathie qui règle la course des planètes et des astres. Entre attraction et distance, chacun trouve la juste place qui lui convient et non qui lui revient.

La liberté de chacun au sein de la Voie des Hommes est totale, chacun vient ou s'en va au gré de ses intérêts, de sa curiosité, de son envie.

La Voie des Hommes ne crée pas d'obligations ; liberté, confiance, sympathie, relation, souci de l'autre ; voilà ce qui est en marche. Voilà l'expérience !

La voie des Hommes dans son environnement

La Voie des Hommes n'est pas une communauté intravertie, se satisfaisant d'un bonheur endogame jalousement gardé. Forte de ce qu'elle est, la communauté s'adresse au monde économique et social. Chacun a pu constater dans ses diverses expériences combien la confusion règne dans les organisations, combien les souffrances sont nombreuses, combien l'action est parfois dénuée de sens. C'est tout l'objet des talents de la Voie des Hommes.

La Voie des Hommes est au côté des entreprises et des administrations mais surtout au côté des femmes et des hommes qui y travaillent ; le souci d'autrui s'exprime ainsi.

Les approches des problématiques et les appréhensions des complexités se nourrissent des expériences et de leur partage. Il ne s'agit pas d'entrer dans une organisation avec un préjugé mais avec l'humilité de ceux qui veulent apprendre.

La grande diversité des femmes et des hommes de la Voie des Hommes apporte des réflexions et des mises en œuvre innovantes. Leur enthousiasme, né du projet de la Voie des Hommes, donne de l'énergie aux femmes et aux hommes de l'entreprise et cette énergie sert les organisations dans lesquelles la Voie des Hommes intervient.

Il s'agit de privilégier l'écoute à l'affirmation, de préférer l'innovation à la répétition, la relation à la méthode, l'humain au *process*.

C'est toujours un bonheur de questionner, de comprendre et de proposer et d'apporter ce léger mieux qui ne change rien et qui change tout.

La Voie des Hommes : une alternative

Nous subissons un véritable dictat quant aux solutions préconisées pour faire face à la complexité du monde (si tant est qu'elle ait une réalité). Les structures hiérarchisées, peu souples sont incapables d'agilité et de réflexion. Elles se déclinent selon trois formes d'après Eugène Enriquez (*Les jeux du pouvoir et du désir dans l'entreprise* - Ed Desclée de Brouwer) :

. La structure charismatique qui repose sur un homme vu et visible, doué de charisme, faisant preuve de *leadership*. Le chef charismatique est celui qui exprime spontanément et sans discussion les aspirations latentes des autres. Cette structure repose sur une personnalité omnisciente qui s'appuie sur une masse de fidèles. Les discours s'inscrivent dans le registre de la certitude sans que l'objection soit possible.

. La structure bureaucratique majoritairement à l'œuvre dans les institutions et les grandes entreprises. Le travail est parcellisé et divisé. L'ensemble des salariés ne connaissant pas ou plus les objectifs. La cohésion de l'ensemble se délite, les instances de décision sont éparpillées et difficilement identifiables.

. Dans la structure technocratique, le pouvoir est détenu par la technostructure. Dans ce type d'organisation, la relation humaine n'est pas considérée, la compétition entre les services et entre les individus est encouragée au nom d'une "saine émulation", les femmes et les hommes qui y travaillent sont des variables comptables. Le projet est « guerrier », le management se pratique par le stress et la tension.

D'une manière générale, dans les organisations hiérarchisées, le pouvoir est centralisé, le nombre de niveaux hiérarchiques est élevé, les managers sont contraints par des tâches bureaucratiques, les collaborateurs sont ballotés entre les réorganisations et les plans d'actions, les ressources sont « balkanisées » et la bureaucratie envahit peu à peu le quotidien de chacun. Ce qui domine est la peur.

Ces organisations sont issues du paléolithique et se réclament du modernisme ; c'est toute leur contradiction. Il n'existe en effet que peu de différence entre la pyramide alimentaire (chaîne alimentaire) et la pyramide hiérarchique. Il a semblé à la Voie des Hommes qu'il fallait urgemment sortir de ces organisations prédatrices.

La Voie des Hommes fait en ce sens une proposition post-paléolithique : une organisation qui promeut l'intelligence de chacun. Une organisation qui crée les conditions pour que les talents s'expriment. Une organisation sans règles, basée sur la confiance. Une organisation qui fait de la liberté le fondement de son fonctionnement. Une organisation où la richesse suit la valeur créée, sans perception. Une organisation sapiens, émergeant des temps obscurs où l'Homme n'était pas encore debout.

Sans chefs et sans règles est-ce possible ? Cela fait plus de dix ans que c'est possible. Il a suffi de vaincre la croyance dans le possible et l'impossible, croyance héritée de nos cultures, croyance théorique parce que jamais expérimentée. Cette expérience intègre désormais le domaine du possible.

La Voie des Hommes : une proposition pour maintenant

Le temps de l'échec se consume, les crises se succèdent aux crises sans que ce cycle infernal ne semble montrer une fin. Les seules perspectives sont les larmes promises par ceux qui n'en verseront aucune.

L'expérience de la Voie des Hommes se poursuit depuis plus de dix ans ; plus d'une centaine de personnes participe à l'expérience. Aujourd'hui, beaucoup d'organisations (administration et entreprises) font appel aux talents de la Voie des Hommes ; il est donc possible qu'une organisation sans règles et sans chefs puisse prospérer sans la contrepartie habituelle : le mal-être.

Ce qui fait l'enthousiasme de chacun est la conviction que l'expérience de la Voie des

Hommes peut être une alternative aux organisations paléolithiques. La désespérance sociale, l'avenir obscurci par un sombre présent, l'entêtement à faire un peu plus de la même chose montrent à quel point il est urgent de sortir de l'idéologie « T.I.N.A., *there is no alternative* ». La Voie des Hommes est née de cette urgence.

L'absence d'alternative est une défaite de la pensée et du jugement. Ces défaites conduisent souvent à des abimes barbares dont le vingtième siècle fut témoin.

Beaucoup de celles et ceux qui ont rejoint la Voie des Hommes ont décidé de ne pas subir, ont décidé de reprendre la main sur leur destin. Celles-là et ceux là disent que la fatalité est une croyance, que le monde comme il va a été abandonné par le rêve, que l'Homme ne se soumet pas durablement à des « forces » hétéronomes. Elles et ils ne sont pas des commentateurs du malheur mais des femmes et des hommes en mouvement qui considèrent que la puissance humaine suffit à emplir l'avenir.

S'ils affirment que leur expérience est une proposition pour maintenant c'est qu'il est temps de sortir des impasses où nous conduit le "paléolithique" né il y a plus de trois millions d'années. Les Hommes ne sont plus des homo erectus, mais des quadrumanes couchés à nouveau sous le poids d'un destin dont ils ne sont pas maîtres, ployant sous les nouvelles transcendances guidées par la "main invisible", aliénés par les pouvoirs illégitimes à qui ils ont remis leur liberté en échange d'une sécurité illusoire.

Nous voilà face à nous-mêmes. Il faudra bien que nous nous décidions de sortir de la préhistoire pour qu'enfin l'Histoire commence.

Est-ce une révolte ?

C'est une insurrection très humaine que de ne plus vouloir supporter l'insupportable. En contribuant à cette utopie, je me suis sentis l'héritier de l'île d'Utopie de Thomas More ou des phalanstères de Charmes Fourier ou encore du mutualisme de Pierre-Joseph Proudhon. Faut-il dès lors combattre le système en place? La réponse est dans l'alternative qui invite à abandonner un système pour en expérimenter un autre. Quel est la mesure de sa réussite ? Le bonheur d'y contribuer.

J'ai vu et partagé la joie des échanges et la liberté de ceux-ci. J'ai vu la solidarité s'exercer sans qu'elle fasse l'objet d'une quelconque obligation. J'ai entendu des paroles libres sans qu'elles soient dénigrées ou conspuées. J'ai vu des débats animés et des controverses intenses sans vainqueurs ni vaincus. J'ai écouté des interrogations existentielles et des questionnements du quotidien. J'ai vu de la douceur dans les gestes et les mots. J'ai vu des individus en vie.

Je ne sais où cette aventure mènera. Certains partiront, d'autres arriveront et les chemins changeront. Mais qu'importe ! L'idée laboure et creuse des sillons, promesses de la récolte prochaine.

Les idées survivent aux Hommes, elles planent au-dessus des têtes et certains s'en saisissent pour en faire des graines qui couvriront les champs encore déserts des horizons humains.

Table

Nous allons en faire une histoire   11

Comment j'ai confié ma vie à d'autres   17

S'extraire des archaïsmes   23

L'expérience : La Voie des Hommes   25

La Voie des Hommes dans son environnement   29

La Voie des Hommes : une alternative   31

La Voie des Hommes : une proposition pour maintenant   35

Est-ce une révolte ?   39